La publicité de la voiture dans la presse écrite

Calogero Giardina

La publicité de la voiture dans la presse écrite

Les Editions Praelego

© 2024 Calogero Giardina

Édition : BoD - Books on Demand, info@bod.fr

Impression : BoD – Books on Demand,

In de Tarpen 42, Norderstedt (Allemagne)

Impression à la demande

ISBN : 978-2-3225-2309-2

Dépôt légal : Avril 2024

INTRODUCTION

Parmi les différents produits dont les médias font souvent l'éloge, la voiture tient une place à part dans la publicité. On sait, en effet, que la voiture est vraisemblablement, avec les vêtements que l'on porte et l'endroit où l'on habite, la chose avec laquelle on s'identifie le plus facilement. Par ailleurs, on est frappé par la fréquence des publicités se rapportant à l'automobile : les affiches relatives à la voiture, dans la rue, pullulent ; la télévision lui accorde également une grande place ; la plupart des journaux sont eux aussi envahis de telles publicités : « le Paru Vendu » et « Top Annonces », notamment, lui consacrent, chaque semaine, un grand nombre de pages.

Il faut dire que la voiture, plus que d'autres produits, est très symbolique. Elle est signe d'indépendance ; ce n'est pas par hasard si la plupart des jeunes garçons et de plus en plus de jeunes filles, arrivant à l'âge adulte, songent, souvent avant même d'assurer leur avenir, à s'acheter « leur » automobile. Une voiture luxueuse et performante peut, du reste, être un très bon moyen, pour un jeune homme, de séduire la femme de ses rêves. La télévision joue régulièrement sur cette stratégie de la communication. Car la voiture peut suggérer aussi bien des idées telles que puissance, charme, beauté ou dynamisme. Ce qui peut expliquer que certains, frustrés, par exemple, par un niveau social qui ne les satisfait pas, tentent de combler leurs manques par l'achat d'une voiture plus conforme à l'image qu'ils veulent donner d'eux-mêmes. Il en est qui essaient de susciter l'estime des autres en acquérant une automobile neuve, alors que beaucoup, parmi leurs amis, se contentent d'une voiture de seconde main. Ce qui montre que l'acte qui consiste à devenir propriétaire d'une automobile et de telle automobile plutôt que de telle autre n'est pas et ne peut pas être le fruit du hasard. Il est lié à des motivations plus ou moins conscientes du consommateur et plus ou moins complexes parfois. Ceci induit que le processus de vente d'une voiture est le résultat d'un travail qui est, lui-même, savamment calculé et dosé.

Quand on examine les publicités de la voiture, on s'aperçoit qu'elles mettent en œuvre une série de procédés assez subtils, dans certains cas, qui peuvent relever de l'art. On s'aperçoit que la publicité qui a trait à l'automobile a un style et qu'il agit sur la vente : les expressions utilisées ont des connotations qui peuvent éveiller chez les clients des sensations qui les inciteront à acheter. Les noms de marque de voiture et les prix sont présentés, sur l'espace de la page, d'une manière à emporter l'adhésion du consommateur, des mots, des lettres font écho, entre eux. On peut aller jusqu'à parler de rhétorique[1]. L'étude de celle-ci est d'autant plus intéressante à mener que comprendre comment fonctionne la production de la signification de la publicité des voitures, le style, par exemple, peut aider à réaliser ensuite d'autres publicités à partir des découvertes. De la même façon, chercher à saisir la signification des blasons, des noms de marque et de voitures, comme nous envisageons de le faire, est une démarche indispensable. Car le blason et la marque sont aussi un argument commercial. Le blason tend, en outre, à se substituer à la marque dans l'esprit du consommateur. Les armoiries, du fait du sens qu'elles expriment, de leurs formes et du symbolisme des couleurs, sont essentielles dans la publicité de la voiture. La couleur est, du reste, un facteur important dans le processus d'incitation commerciale, qui ne se limite pas aux blasons.

---

[1] Nous définirons ce mot plus loin.

La stratégie de la communication, adoptée par les créateurs chargés de faire la promotion de la voiture mérite également un examen attentif. A cet égard, il conviendra de se poser une série de questions telles que celles qui concernent les rapports établis entre l'émetteur et le destinataire[2], l'objectif image, la cible, le bénéfice pour le client, le rôle du prix.

Avant même d'entamer l'étude proprement dite, il est opportun de fournir une série de précisions sur la méthodologie. Nous avons dû restreindre notre analyse à la publicité dans la presse écrite car nous avons estimé que l'élargir à d'autres médias aurait pu nous conduire, très rapidement, à dépasser les limites de ce travail. Nous avons constitué un corpus d'une soixantaine de publicités recueillies dans divers journaux[3]. Mais, à chaque fois, nous n'avons pas retenu les publicités qui étaient uniquement en noir et blanc. En effet, la couleur, pouvant être signifiante, associer, dans la même étude, des publicités en noir et blanc et d'autres en couleur aurait pu fausser certaines interprétations.

---

[2] Ou si l'on veut le vendeur au sens large (publicitaire, fabricant, concessionnaire) et le consommateur.
[3] Le Paru Vendu, Le Nouvel Observateur, Télé Poche, Top Annonces etc.…

I - LE STYLE

Le style, dans la publicité de la voiture dans la presse écrite, joue un rôle essentiel : le mot « style » ne renverra pas ici aux techniques de la copy-stratégie ni à l'étude du fonctionnement des arguments publicitaires, mais il renverra surtout à la rhétorique que celle-ci met en œuvre, ainsi qu'aux clichés. Ces derniers, notamment, sont l'un des meilleurs moyens d'attirer l'attention du client, d'une part parce que, le plus souvent, ils sont humoristiques et d'autre part, parce qu'ils font référence à un univers où le consommateur peut se reconnaître.

A - <u>LES FIGURES DE RHÉTORIQUE</u>

Qu'est-ce que la rhétorique ? C'est l'art de bien parler, la technique qui consiste à bien savoir utiliser les figures du discours. Trop souvent, on a cru que la rhétorique était l'apanage de la littérature. C'est une grave erreur. La publicité et notamment la publicité de la voiture, dans la presse, puise largement dans les figures de rhétorique. Dans la mesure où vendre implique la séduction et la persuasion, la rhétorique, qui est aussi l'art de convaincre, par les mots, est sans doute une très bonne technique de vente. D'ailleurs, Brochand et Lendrevie ont bien analysé ce phénomène : « *On peut dire des publicitaires qu'ils sont des rhéteurs polyvalents puisqu'ils utilisent les techniques de la rhétorique pour tous les médias. Ils ont souvent été amenés à réinventer ce que la rhétorique classique avait formalisé depuis longtemps. Ils ont un vieux et célèbre maître qui n'est autre qu'Aristote* »[4].

---

[4] Bernard Brochand et Jacques Lendrevie, <u>Le Publicitor</u>, quatrième édition, Dalloz, 1993, p. 363.

Les créateurs recourent, en effet, souvent, aux figures du discours. Sur une soixantaine de publicités, on en dénombre une quarantaine. Celles qu'ils utilisent le plus sont, par ordre décroissant, les répétitions de mots, les personnifications et les parallélismes[5]. C'est d'autant plus intéressant que ces techniques, à l'exception des métaphores, qui ne sont pas très fréquentes dans la publicité de la voiture dans la presse écrite, sont aussi celles qui sont le plus utilisées dans la poésie.

La figure de répétition dont un certain nombre de linguistes et de rhétoriciens[6] nous disent qu'elle est à l'origine de la « poésie versifiée »[7] consiste en la reproduction de mots ou de sons qui, par le retour, engendrent une sorte de rythmicité qui met en évidence le mot lui-même.

Roman Jakobson parle aussi, à propos de ce phénomène de « fonction poétique du langage[8] ». Il s'avère que, parmi les

---

[5] Nous définirons plus loin ces termes.

[6] C'est-à-dire des spécialistes de la rhétorique.

[7] Henri Suhamy, <u>Les figures du discours</u>, PUF, Collection « Que sais-je ? », 3ème édition, 1988, p. 57 : *« On peut rappeler ici le rôle générateur que joue la répétition à l'origine de la poésie versifiée. Le vers est une matrice répétitive : construits sur le même nombre de syllabes, de pieds ou d'accents, produisant des émissions vocales de durée approximativement égale qui imposent au débit une respiration isochrone ».*

[8] Roman Jakobson, <u>Essais de linguistique générale</u>, Editions de Minuit, 1963, p. 219 : *« La visée du message pour son propre compte est ce qui caractérise la fonction poétique du langage (...). Analysons brièvement le slogan poétique « I like Ike » : il consiste en trois monosyllabes et compte trois diphtongues : /ay/, dont chacune est suivie symétriquement par un phonème [son] consonantique, /I...K...K/. L'arrangement des trois mots présente une variation : aucun phonème consonantique dans le premier mot, deux autour de la diphtongue dans le second, et une consonne finale dans le troisième(...). Les deux colons de la formule « I like/Ike » riment entre eux et le second des deux mots à la rime est complètement inclus dans le premier (rime en écho),/layk/-/ayk,/,image paronomastique d'un sentiment qui enveloppe totalement son objet ».*

différents moyens auxquels recourt la publicité de la voiture, cette technique est celle qui est le plus employée. Douze figures ont été dénombrées.

L'allitération, notamment, qui est la répétition des consonnes initiales intérieures dans une suite de mots rapprochés, est utilisée à trois reprises :

- FORD :   FORD Focus Berline
                                F   F

- LANCIA :   LANCIA Y Sens de la Sécurité
                                      S   S   S

- MITSUBISHI :   Sortez des sentiers battus[9]
                                      S T   S T   T

A chaque fois, l'objectif est le même : il s'agit, par le retour d'une ou plusieurs lettres, de mettre en relief le nom de la marque en tant que signifiant[10]. Ainsi le **F** de **F**ocus redouble-t-il le **F** de **FORD** ; le **S** de « **S**ens » et de **S**écurité fait-il écho au **S** de **LANCIA**. Par ailleurs, la publicité présente, à gauche, la lettre S en très gros caractères et à deux reprises.

La répétition du **S** et du **T**, dans le troisième exemple, rappelle le **T** et le **S** de MITSUBISHI.

L'assonance qu'on retrouve deux fois est une homophonie ou, si l'on préfère, une identité de deux voyelles :

---

[9] C'est nous qui soulignons les lettres.

[10] Le signifiant est, en linguistique, le mot en lui-même, la forme si l'on veut, constitué des sons et des lettres. Le signifiant est le support du signifié, qui est le contenu, le sens d'un terme.

- **CITROËN** :   CITROËN X-**Sara**
  Elle vous **ira** si bien
  (ARA/IRA)

- **ALFA** :   ALFA 145 Juni**or** équipée sp**ort**
  (OR/OR)

La reprise des lettres **RA** dans « **ira** » martèle le nom « X-**Sara** ». Quant à la rime Sp**or**t/juni**or**, en plus de mettre en exergue l'idée positive d'**or** à propos de l'ALPHA, met aussi l'accent sur « cœur sp**or**tif » car cette expression contient également le son /**OR**/.

La paronomase, qui consiste à réunir, dans la même phrase, des mots dont le son est à peu près le même, mais le sens tout à fait différent, apparaît deux fois :

- **ROVER 608** :   L'héri**tage** sans tap**age** ni étal**age**

La répétition de « age » dans « tapage » et « étalage » met en valeur le mot « héritage », lequel évoque une idée de continuité, de tradition, qui tend à rassurer le consommateur : la ROVER 600 est une voiture qui dure (cf. aussi l'idée d'**âge**).

- **RENAULT. Concessionnaire J. Charles NACCI**

Et ! Oui, cette semaine
    Toute LA GAMME MEGANE
        est en
        OCCASIONS

La ressemblance de forme entre GAMM/MEGANE met autant en relief le nom « Mégane » que l'idée que J. Charles NACCI est un concessionnaire qui offre une large gamme de voitures.

L'antanaclase, qui est l'art de reprendre un mot, dans une phrase, en opposant deux sens différents qu'il peut assumer[11], est une figure que l'on retrouve deux fois :

- **PEUGEOT** : Du 3 au 7 Juin
  Essayez-la avant

d'**essayer** de la gagner.

- **DAEWOO** : **Matez ma Matiz**

Le verbe « essayer » n'a pas le même sens dans les deux emplois. La reprise d' «essayer » ici a pour objectif d'inciter le consommateur à se rendre chez le concessionnaire PEUGEOT, en créant, dans son esprit, l'identification essayer la voiture = gagner la voiture. D'ailleurs, le texte de la publicité ajoute en bas de page en petits caractères : « Et l'essayer, c'est avoir envie de la gagner ! ».

Dans la seconde publicité, le retour de **Ma** tend à mettre en avant le nom de « **Ma**tiz ». Nous avons aussi une paronomase à cause du retour humoristique de la lettre **T** et **Z** dans Matez / Matiz. L'humour est accentué encore par le parallélisme des formes Matez / Matiz. Car seule l'avant dernière lettre diffère : **e** dans « matez », **i** dans « Matiz ».

La publicité de la voiture fait aussi parfois appel à l'anaphore. Ce procédé qui consiste à commencer plusieurs phrases ou membres de phrases successifs par le même mot ou groupe de mots, est utilisé à deux reprises, bien qu'on le trouve aussi souvent dans la technique du parallélisme[12].

---

[11] Par exemple, dans « Après quelques propos sans propos ». Le substantif « propos » n'a pas la même signification dans le premier et le second cas.

[12] Par souci de rigueur, nous avons considéré comme anaphore uniquement les figures où il n'y avait pas de parallélisme. Cette figure sera examinée plus loin de façon spécifique.

- **Nouvelle VOLVO 580 :**
> Vous êtes bien.
> Vous êtes **très** bien.
> Vous êtes **très très** bien.
> Décidément, vous n'avez pas
> Beaucoup de vocabulaire.

Le retour de la structure « Vous êtes bien », avec ajout de « très » dans un premier temps, puis d'un second « très » dans un second temps, avec le commentaire humoristique « Décidément, vous n'avez pas beaucoup de vocabulaire », en plus du fait qu'il met fortement l'accent sur l'idée de confort, crée un effet poétique qui est en harmonie avec cette notion de bien-être.

Les parallélismes, pour leur part, jouent aussi un rôle considérable dans la création publicitaire relative à la voiture. Il existe plusieurs formes de parallélismes. Le plus simple consiste à juxtaposer des ensembles de même longueur pour jouer sur la permanence et la variation des mots[13]. Le parallélisme peut encore désigner toute forme de construction qui reproduit un même schéma[14]. Or, cette figure, qui est utilisée à douze reprises, dans un corpus composé d'une soixantaine de publicités, est d'autant plus remarquable, en tant que technique commerciale, qu'elle met l'accent sur le

---

[13] Exemple : « Deux mille
> Deux mille ans de labeur ont fait de cette terre
> Un réservoir sans fins pour les âges nouveaux. »
Est parallèle à : « Mille ans de votre grâce ont fait de ces travaux
> Un reposoir sans fin pour l'âme solitaire. »
[14] « O Eternel <u>Qui séjournera dans ta tente</u> ?
<u>Qui demeurera sur ta montagne Sainte</u> ? » (La Bible, Psaume 15. Traduction de Louis Segond). Les deux phrases soulignées sont parallèles.

mot ou plutôt sur la forme en tant que telle[15]. Elle est donc une technique de création très importante. Car, par le dessin, elle attire, ne serait-ce qu'inconsciemment, l'attention du consommateur.

Donnons quelques exemples caractéristiques. Dans quelques cas, le parallélisme est fondé sur la juxtaposition de deux expressions qui ont une forme identique :

- **ALFA GTV** : *Sa sportivité, Vos sensations.*

- **ALFA 166 AUTOVISTA** : *Une nouvelle Alfa, une nouvelle concession.*

- **306 BREAK** : *Temps libre pour espace utile.*

A chaque fois, le parallélisme est destiné à intéresser le consommateur par une technique qui relève de la fonction poétique au sens de Jakobson. Dans le premier exemple, l'identité des formes (pronom « sa » + substantif / pronom « vos » + substantif) débouche sur l'identité sportivité = sensations.

Dans le second exemple, la reprise de l'expression « Une nouvelle » avec variation du nom (ALFA ROMEO / concessionnaire) est destinée à identifier la marque ALFA ROMEO au concessionnaire Autovista, ce qui est bénéfique à

---

[15] Cf. Roman Jakobson, « Le problème fondamental de la poésie est le parallélisme », op. cit.,p. 235.
Puis, le linguiste cite un théoricien de la poésie Hopkins, à la même page : « *La structure de la poésie est caractérisée par un parallélisme continuel, allant des parallélismes techniques de la poésie hébraïque et des antiennes de la musique d'église, à la complexité du vers grec, italien ou anglais* ».

ce dernier vue la notoriété d'ALFA ROMEO. Mais elle vise également à mettre sur le même plan la nouveauté de l'ALFA 166 et celle d'Autovista. D'ailleurs, « Une nouvelle ALFA » d'une part et « Une nouvelle concession » d'autre part sont présentés en haut, en regard, et de la même manière : ALFA 166 apparaît en lettres capitales rouges, parallèlement à AUTOVISTA, en lettres capitales rouges aussi.

« Temps libre pour espace utile » est constitué de deux expressions qui ont la même syntaxe :

Nom (« temps » / « espace ») + adjectif (« libre » / « utile »).

De plus, les deux expressions ont un point commun, c'est l'idée de liberté, exprimée aussi bien dans le mot « libre » que dans le terme « espace ».

Dans les autres publicités, le parallélisme est intégral. Il est fondé sur une identité formelle horizontale :

- **FIAT :**

Punto Clim	Bravo Clim	Marea Clim
A partir de 9900€	A partir de 13900€	A partir de 14900€
Punto 60 Cult Clim	Bravo 8016 vSX	Marea 10016 vSX Clim
3 portes		

- **MAZDA :**

Nouvelle Demio	Nouvelle 323	Nouvelle 626 Turbo Diesel
A partir de	A partir de	A partir de
12900€	13900€	19900€

Dans le premier exemple, la reprise de « Clim » et de « A partir de » + le prix, avec simple variation du nom (Punto /

Bravo / Marea) met en relief l'idée de climatisation. De plus, ce mot apparaît en lettres majuscules dans la publicité (CLIMATISATION A PRIX GELÉS). Le fait que le nom qui est devant « Clim » soit composé de deux syllabes dans les trois cas (Punto / Bravo / Marea) et la ressemblance des formes entre **Punto** et **Bravo**, avec la terminaison en **O**, accentuent le parallélisme. La variation du prix et sa progression (9900€ > 13900€ > 14900€) visent à exprimer l'idée que FIAT dispose d'un large choix de voitures.

Dans le cas de **MAZDA**, le retour de l'adjectif « Nouvelle » est un moyen de mettre en évidence le thème de la nouveauté très positif et récurrent dans la publicité de la voiture.

Le parallélisme peut être aussi basé sur une similarité formelle verticale :

- **NISSAN :**

Nouvelle NISSAN
MICRA
A partir de 11900€

DESSIN DE LA VOITURE

NISSAN
ALMERA
A partir de 14900€

DESSIN DE LA VOITURE

NISSAN
PRIMERA
A partir de 20900€

DESSIN DE LA VOITURE

- **SEAT :**

Medium ?

REPRESENTATION DE LA VOITURE

SEAT Cordoba SX à partir de 18450€

Large ?

REPRESENTATION DE LA VOITURE

SEAT Cordoba Berline à partir de 13450€

X Large ?

REPRESENTATION DE LA VOITURE

SEAT Cordoba Vario à partir de 14250€

Dans le premier exemple, le nom NISSAN apparaît trois fois et il est présenté de la même manière dans l'espace du texte. Les noms de voiture : **Micra / Almera / Primera** ont une ressemblance formelle puisque, dans chaque cas, le nom de l'automobile a une connotation italienne, avec notamment, à la fin du mot, la voyelle **A**. Cette ressemblance crée une symétrie dont la seule variante est la progression du prix (11900€ > 14900€ > 20900€).

La personnification est également une technique souvent mise en œuvre.

Voici quelques exemples :

- **ALFA ROMEO :**

L'ALFA 166 est sûre de sa force et son conducteur est sûr de lui.

- **RENAULT :**

Ce ne sont pas quelques virages en lacet qui vont lui faire tourner la tête.

- **PEUGEOT** :

La route a revêtu sa plus belle tenue.

- **FORD COUGAR** :

Sa ligne audacieuse et racée, son tempérament affirmé et l'extrême vivacité de ses moteurs.

- **PEUGEOT :**

Un véhicule qui fera tout pour vous satisfaire.

Dans tous ces exemples, l'objectif est l'humour et l'on sait que celui-ci est essentiel dans la publicité. Par ailleurs, ces personnifications peuvent aussi viser à créer chez le consommateur une identité ou/et une complicité entre lui et la voiture qui favorisera l'achat de l'automobile. Dans le cas d'ALFA, c'est tout à fait caractéristique : le parallèle, sur le plan syntaxique, entre « L'ALFA est sûre de sa force » et « son conducteur est sûr de lui » identifie l'ALFA au consommateur. Celui-ci sera d'autant plus enclin à faire l'acquisition de cette voiture qu'elle lui ressemble sur un point essentiel : l'assurance de soi. La publicité fait naître une sorte de complicité entre le conducteur-consommateur et son automobile : les deux forment presque un couple. La voiture peut même devenir une amie prête à servir celui qui la conduira. La PEUGEOT, notamment, « fera tout pour vous satisfaire ».

Même lorsque le conducteur n'est pas nommé, l'identification entre l'automobile et lui est implicite. En effet, la « ligne audacieuse et racée » de la FORD Cougar et son « tempérament affirmé » sont des expressions qui certes s'appliquent à la voiture. Mais la publicité sous-entend également que l'acquéreur de la FORD aura, lui aussi, une ligne audacieuse et racée et un tempérament affirmé. On voit ainsi combien la technique de personnification de l'automobile peut être efficace.

Une autre figure apparaît souvent, bien que de façon moindre, c'est l'antithèse ; on en a relevé trois occurrences :

- **FIAT** :

La FIAT Palio Week-end est **un petit** break. Pourtant, avec 1540 dm^2 de volume utile, c'est **un grand** break.

- **FIAT :**

Pour **un tout petit** prix, elle vous propose de série **un très grand** nombre d'équipements.

- **SUZUKI :**

Différentes parce que vous êtes uniques.

Dans ces exemples, l'antithèse n'est pas gratuite, elle est employée comme argument de vente. Dans le cas de FIAT, le créateur de cette publicité oppose d'une part la relative modestie de la FIAT Palio Week-end et sa puissance en volume : petit break / grand break. D'autre part, il crée un contraste très signifiant entre la modestie du prix (« un tout petit prix ») et la multiplicité des équipements (« un très grand nombre »). Cette antithèse, en plus de sa fonction esthétique et poétique, est destinée à grandir le consommateur à ses propres yeux, tout en lui permettant d'acheter une voiture peu onéreuse. Le message qui est exprimé est le suivant : « vous pouvez être grand, tout en dépensant petit ».

D'autres techniques sont utilisées, notamment la polysémie. Ce procédé réside dans le fait d'employer un mot ou une expression qui, par son ambiguïté, peut avoir deux sens différents :

- **VOLKSWAGEN** :

Saisissez l'occasion .

- **MAZDA :**

Opération spéciale portes ouvertes.

Dans le dessin qui illustre la publicité, une voiture qui est censée s'exprimer, dit « ouvrez les portières ».

Dans le premier, comme dans le second cas, la polysémie vient de ce que le texte joue sur deux sens d'un terme. Dans « Saisissez l'occasion », « occasion » peut signifier « de seconde main », mais aussi « chance » (Saisissez votre chance). De la même manière, « portes ouvertes » de Mazda, vue ce que dit la voiture est une formule qui peut aussi bien renvoyer à une invitation à venir admirer les automobiles qu'à un encouragement à ouvrir les portières. Dans ce contexte, les deux sens sont possibles.

A l'issue de cette étude, il s'avère que la publicité relative à la voiture dans la presse utilise largement les figures de la rhétorique. En effet, que ce soit par la répétition de sons ou de lettres, les parallélismes ou les personnifications, l'objectif est de mettre en relief le mot en tant que tel, notamment le nom de la marque ou de la voiture ou bien encore de mettre en exergue une identité suggestive entre le consommateur et l'automobile. La figure est un argument de vente qui est d'autant plus opérant qu'il relève de l'esthétique et du jeu et non pas d'une preuve rationnelle. Il s'adresse au conscient comme à l'inconscient.

Les clichés que nous allons examiner dans la prochaine section jouent également un rôle non négligeable dans la publicité ayant trait à l'automobile. En effet, les lieux communs installent le consommateur dans un univers où il se sent d'autant plus dans son élément que les clichés renvoient à des choses, des idées et à des expressions qu'il connaît très bien.

B - <u>LES CLICHÉS</u>

Les clichés sont un argument commercial important car ils font référence à un univers qui est commun à tous les consommateurs. Ils font allusion à un discours et à des concepts banals qui, pour cette raison même, rassurent les clients qui ont l'impression d'être dans un terrain connu par eux. Par ailleurs, ceux à qui s'adressent les clichés ont légitimement l'impression qu'ils entrent dans une communauté de consommateurs. Car le cliché, par définition, est employé par un grand nombre de personnes qui forment une société qui a forcément raison puisqu'elle est majoritaire. Le cliché est une expression qui, par sa banalité, fait autorité, s'impose à tous car reconnu de tous. Un peu comme pour la mode, être dans la ligne du cliché, c'est être conforme à l'opinion commune.

Dans notre corpus, nous avons recensé vingt-huit lieux communs. Huit sont de « purs clichés », autrement dit, les auteurs de la publicité ont employé une expression banale sans chercher à la renouveler. Dans seize cas, au contraire, le lieu commun subit une transformation, comme si le créateur du message avait voulu faire un signe de reconnaissance au destinataire, par rapport à une expression rebattue qui existe déjà, et ce pour le faire entrer dans un groupe tout en voulant l'en distinguer par un renouvellement du cliché qui marque un écart par rapport à la formule communément admise.

Analysons d'abord les clichés qui n'ont pas été transformés.

1 - **<u>Les clichés qui n'ont pas subi de transformation</u>**

- **NOUVELLE SUZUKI BALENO**

La voiture **sur laquelle vous pouvez compter.**

- **MÊME MARQUE, MÊME VOITURE**

Menez votre vie comme vous l'entendez avec la SUZUKI Baleno.

- **DAEWOO.NEKIA**

Pourquoi voir petit ?

- **MITSUBISHI**

Sortez des sentiers battus.

- **NOUVELLE FORD FOCUS**

Si seulement la vie était aussi bien faite.

- **FIAT PALIO**

Avec la FIAT Palio Week-end, **vous verrez la vie en grand.**

- **MÊME MARQUE, MÊME VOITURE**

L'évasion **sous le signe de l'élégance.**

On est frappé par le caractère très positif, très optimiste de ces clichés. Tous expriment la même idée : achetez cette voiture et votre vie[16] sera plus belle —› Vous serez ennobli (« pourquoi voir petit ? », « vous verrez la vie en grand »). Vous serez originaux (« Sortez des sentiers battus »), vous vous sentirez plus libre (« Menez votre vie comme vous l'entendez »), plus élégant (« L'évasion sous le signe de l'élégance »), votre vie changera du tout au tout (« Si seulement la vie était aussi bien faite »). La seule publicité qui ne fasse pas allusion à une vie transfigurée par l'achat de l'automobile renvoie à l'idée de sécurité et de fidélité qui est, du reste, un argument récurrent (« La voiture sur laquelle vous pouvez compter »). Le cliché, dans toutes ces constructions rebattues, est très efficient car il fait référence à quelque chose de connu par le consommateur et qu'il partage avec un groupe, ce qui le conforte dans son choix. En même temps, le cliché exprime ici souvent une idée de bien-être que le destinataire acceptera d'autant plus facilement que ce bien-être est majoritaire chez les consommateurs qui se reconnaissent dans la banalité du lieu commun. C'est pourquoi la publicité peut parfaitement exprimer un message qui incite le consommateur à se singulariser (« Sortez des sentiers battus ») tout en utilisant une forme qui est l'inverse de ce qui est singulier : le cliché.

La banalité du lieu commun est, paradoxalement, une bonne technique pour encourager le client au non conformisme.

---

[16] D'ailleurs, le substantif « vie » est employé à plusieurs reprises.

2 - <u>**Les clichés qui ont été renouvelés**</u>

- **La 306 :**

La route **a revêtu sa plus belle tenue.**

- **La 306 :**

La route **vous sourit.**

- **FORD** :

2 Stars à **l'affiche**
 (Il s'agit de deux FORD)

- **RENAULT :**

Offrez-vous un petit bijou.
 (en lettres d'or sur fond rouge)

- **ROVER 200 :**

Nouvelles gammes 200 et 400 généreuses **sous tous rapports**

- **CITROËN :**

Les coups de foudre de l'hiver.

- **CITROËN :**

Offre **coup de foudre**

- **FIAT :**

La sécurité à **prix très protégés.**

- **PEUGEOT :**

Ne passez pas à coté des occasions du Lion.

On dit que **la route qui mène au sommet est longue,** étroite et sinueuse.

Le choc **satisfait ou remplacé.**

- **CITROËN X-SARA :**

Elle vous ira si bien cet hiver.

Comme pour les clichés qui n'ont pas été transformés, les lieux communs renouvelés font référence à un univers connu dans lequel le consommateur se sent donc à son aise. Il y a pourtant une différence : l'expression est certes banale, mais, en même temps, elle est aussi nouvelle, insolite car par rapport au lieu commun originel, elle a subi un changement. Or, l'efficacité du cliché renouvelé vient précisément de ce que celui-ci se présente à la fois comme une formule tout à fait usée et en même temps comme une construction inaccoutumée. L'humour qui naît de la rénovation du lieu commun et le travail de reconnaissance du cliché original imposé par la publicité au destinataire est un moyen d'attirer son attention et, par conséquent, de l'exhorter à acheter. La transformation du lieu commun est due, à plusieurs reprises, à la personnification : la 306 « a revêtu sa plus belle tenue », « la route sourit » (la 306), la CITROËN X-Sara « vous ira si bien cet hiver ». Dans ces exemples, la nouveauté du cliché vient du fait que les expressions les plus banales, habituellement employées à propos d'un humain, s'appliquent, au contraire, à une voiture. Ceci produit un effet burlesque qui, peut-être, par son caractère extravagant et par l'optimisme qu'il exprime, un facteur d'achat. D'ailleurs, dans certains clichés, l'automobile ou la route sont plus ou moins identifiées à une femme. Dans « la route a revêtu sa plus belle tenue », le mot « route » est un substitut du nom « femme ». La CITROËN qui « vous ira si bien » pour sa part, à cause de la photographie de Claudia Schiffer, qui se tient tout près de la voiture, crée l'identité la X-Sara = Claudia Schiffer vous ira si bien. L'assimilation entre l'actrice à succès et l'automobile, par sa sensualité, ne peut qu'inciter le consommateur à acquérir une voiture dont on lui garantit plus ou moins implicitement qu'elle lui apportera autant de plaisir que Claudia Schiffer elle-même.

D'ailleurs, le renouvellement est souvent dû à une identification entre la voiture et une vedette de cinéma. Les FORD, par exemple, sont des « stars », elles sont « à l'affiche » ; or, cette expression est employée, d'ordinaire, au sujet d'un film ou d'une vedette du spectacle. La FORD Focus est « toujours en haut de l'affiche ». Sa sortie est vue comme « une avant première de cinéma à ne pas manquer ».

Il arrive que le renouvellement du cliché soit fondé sur un mot qui se substitue à un terme attendu, ce qui aboutit à pasticher un lieu commun publicitaire. Deux cas ont été recensés : « La sécurité à prix très protégés » (FIAT) renvoie à l'expression promotionnelle « à prix cassés ». « Le choc satisfait ou remplacé » fait référence au cliché publicitaire : « Satisfait ou remboursé ». Dans ces exemples, la publicité veut se démarquer, de façon humoristique, en tournant en dérision un slogan plus que célèbre[17].

Pour les expressions rénovées, comme pour les lieux communs qui n'ont pas été transformés, la publicité atteint son objectif : le cliché fait référence et il constitue un argument de vente de poids dans la mesure où il représente le discours de la masse.

Les marques, les noms de voiture et les blasons jouent également un rôle considérable dans la publicité de la voiture dans la presse.

---

[17] Les autres clichés : « Offrez-vous un petit bijou » (personnification de la voiture) ; les expressions « généreuses sous tous rapports » (Rover 200) et « coup de foudre » sont employées de façon inhabituelle, « passez à coté des occasions du Lion » (Peugeot), renvoie à « passer à côté de la fortune », « La route qui mène au sommet est longue, étroite et sinueuse » rappelle « la route qui mène au paradis ».

II - LES MARQUES, LES NOMS DE VOITURE, LES BLASONS

La marque est un facteur clef. En effet, le nom de marque renvoie, le plus souvent, à une image et à un ou plusieurs symboles qui sont le miroir du produit.

Comme le dit Georges Lewi : « Le nom est une sonorité, une énergie, une force, une vibration. Il est émetteur de sens. Sa notoriété, sa résonance font écho sur le plan émotionnel, culturel, symbolique, fantasmatique. Sa prononciation est créative d'univers et d'images. Le nom est le condensé d'une histoire, d'une aventure, d'une passion ».[18]

A - <u>LE NOM DE MARQUE ET DE VOITURE</u>

Il existe cinq catégories :

1. Les noms de marque de voitures italiennes

2. Les noms de voitures qui ne sont pas italiennes, mais qui ont, malgré tout, une connotation italienne ou latine

3. Les noms héroïques ou/et mythologiques

4. Les noms qui « sonnent » américains

5. Les noms qui évoquent un animal

---

[18] Georges Lewi, <u>L'Odyssée des marques</u>, Albin Michel, 1998, p. 33.

1 - <u>Les noms de marque de voitures italiennes</u>

- FIAT : Punto TD chez Autovista, Palio Week-end, Bravo, Seicento, Marea Wend-end, Punto Clim, Bravo Clim, Marea Clim, Brava, Panda, Scudo

- ALFA : 166, 145, Junior équipée Sport, G.T.V.

- LANCIA

Un grand nombre de voitures italiennes finissent par la lettre **A**, ce qui est, d'ailleurs, aussi souvent le cas des voitures qui ne sont pas italiennes, comme nous le verrons dans la section suivante. Or, la lettre A, au moins dans les pays d'origine latine, a une connotation de féminité qui est en accord avec l'idée que l'on se fait de la voiture. Celle-ci, en effet, est fréquemment assimilée à une femme dans la publicité. Tous les noms de marque de voitures italiennes font allusion à quelque chose de très positif. Certains renvoient aux vacances, à la détente. C'est le cas de la FIAT <u>Week-end</u>, la FIAT Marea qui fait songer à l'idée d'eau, la FIAT Punto Clim évoque la climatisation. D'autres noms font référence à des réalités métaphysiques et religieuses : « FIAT » fait écho à la Bible : « FIAT Lux » est une formule latine qui signifie : « Que la lumière soit », « ALFA » fait référence à la première lettre grecque Alpha. Comme on le sait, l'Alpha et l'Oméga sont les deux lettres que l'auteur de l'Apocalypse attribue à Jésus-Christ.[19] ALFA ROMEO est un nom de marque d'autant plus suggestif que Roméo fait écho à la célèbre pièce de Shakespeare <u>Roméo et Juliette</u>. Le nom « **Cult** » rappelle le substantif Culte. Certains noms évoquent l'idée de réussite : « Bravo », qu'on trouve dans « FIAT Bravo », « FIAT

---

[19] « C'est moi l'Alpha et l'Omega, dit le Seigneur Dieu » (le Commencement et la fin de tout).

Brava », signifie « bon en quelque chose » en italien[20] ;
« Scudo » peut vouloir dire « argent » et « bouclier » dans
cette langue. Le nom « LANCIA » , pour sa part, signifie
« lance » en italien. Il exprime, par conséquent, l'idée d'un
mouvement dynamique comme « Scudo ». Ce qui est en
conformité avec le mouvement de la voiture. Le nom « corsa »
(la « course » en italien) évoque également le mouvement.

2 - <u>Les noms de voiture qui ne sont pas italiennes, mais qui ont une connotation italienne ou latine</u>

- SUZUKI : Alto, Baleno

- SEA : Cordoba

- RENAULT : Laguna 2

- FORD : Fiesta, Mondeo, Fiesta Athletis, Fiesta Declic

- NISSAN : Primera, Micra, Almera

- MITSUBISHI : Carisma

- TOYOTA : Corolla, Terra, Linea, Luna.

- VOLKSWAGE : Felicia Combi, Skoda, Felicia Berline, Polo, Octavia

- CITROËN   : X-Sara.

- MAZDA   : Démio.

- AUDI   : Avant Quattro AUDI.

---

[20] Cf. « Bravo » en Français.

Certains noms suggèrent l'idée de joie et de bonheur : Fiesta, Felicia. D'ailleurs, le mot « Déclic », après « Fiesta » renforce l'idée de joie. D'autres noms font référence à quelque chose de supérieur : Alto renvoie à « haut », Primera fait songer à « Primo » (italien) et « Primus » (latin) qui veut dire « premier ».

D'autres noms encore renvoient à la terre ou à l'un de ses satellites : Mondeo —› Monde, TOYOTA Linea Terra —› Terre, TOYOTA Luna —› Lune. « AUDI » évoque le mot italien « AUDIO » qui signifie « son ».

De plus, « AUDI » veut dire « j'entendis » en latin, « Laguna » de RENAULT évoque l'eau comme « Marea » (marée). « Corolla » peut faire songer aux fleurs du même nom. « Micra » peut renvoyer à « petit » avec une intention affective. « Sara », dans X-Sara, renvoie à l'idée d'avenir. « Sara » signifie « il sera » en italien.

« Cordoba » pour sa part, évoque l'Argentine et le Mexique car chacun de ces deux pays a une ville appelée « Cordoba ».

3 - **<u>Les noms héroïques ou/et mythologiques et religieux</u>**[21]

Fiat Ulysse, FORD Athletis, Escort Athlétis, Nouvelle Demio, Xantia, FORD Galaxy, TDI plein ciel, MITSUBISHI Carisma, Megane (RENAULT), Daewoo, Nexia/Astra[21] (Opel). Certains noms sont immédiatement identifiables : Ulysse, Athletis, Galaxy, Plein ciel. Ces noms sont plus faciles à reconnaître que « Focus » ou « Nexia », par exemple. « Focus » renvoie au feu, qui est un dieu dans

---

[21] Certains noms héroïques ou divins ont aussi une connotation italienne ou latine : cf. Demio, Astra, Nexia, Octavia.

certaines religions. « Demio » fait songer à « Démon » et à « Demonio », qui a le même sens en italien. Il est des noms qui font référence soit à des dieux de l'Antiquité soit à d'autres religions : l'Octavia évoque l'empereur romain Octave Auguste, divinisé de son vivant. Il faut, d'ailleurs, signaler que dans la publicité où il apparaît, « Octavia » est en lettres majuscules. Il est présenté dans un style ancien qui rappelle l'Antiquité latine. **Xantia**, Megane et Nexia font référence à des dieux de la période antique. En effet, Xantia peut renvoyer au nom Xanthos qui était une ville d'Asie Mineure, mentionnée par Homère comme patrie du Sarpédon. Xanthios était aussi, dans la Grèce antique, un dieu-fleuve, ancêtre de la famille royale de Troie. Xanthos est, de plus, le nom du cheval d'Achille (Cf. Homère).

Mégane fait référence à Meganina, fille de Crocon, ancien roi de la région d'Eleusis et épouse d'Arcus, fils de Zeus.

Nexia est l'une des muses citée par Ovide, elle avait, plus précisément pour nom Nessa.

La marque **Orion** évoque un dieu grec, géant mythique d'une grande beauté et chasseur renommé.

Astra fait écho à Astraia, fille de Zeus et de Thenis. Elle se retira du monde des mortels à la fin de l'âge d'or pour se fixer dans les cieux.

Clio est l'une des neuf muses dans la Grèce antique, patronne de l'Histoire.

Mazda peut renvoyer au mazdéisme, religion zoroastrienne antique de l'Iran. Le mot « Carisma », pour sa part, a une connotation religieuse car il évoque l'idée de charisme, c'est-à-dire l'idée d'une grâce conférée par les dieux. Du reste, en italien, charisme se dit « Carisma ».

Daewoo signifie « Grand Univers ».

Tous ces noms à connotation héroïque ou divine ont un rôle précis : ils contribuent à créer un halo de prestige autour de la voiture qui est proposée.

Ce prestige est un argument commercial car le consommateur qui reconnaît plus ou moins la connotation des noms héroïques ou religieux de la voiture qui l'intéresse sera d'autant plus attiré par elle qu'en l'achetant il croira partager la gloire de la voiture acquise.

4 - <u>Les noms qui ont une connotation américaine</u>

SUZUKI **Swift**, 306 **Break** de PEUGEOT, 106 **Color Line** de PEUGEOT, ALFA 166 **Junior, Land** ROVER, **Freelander** de Land ROVER, **Jeep Grand Cherokee**.

Les noms américains ont une connotation très positive car ils sont liés à l'idée de modernité, de nouveauté, de jeunesse[22], de richesse et de mode. C'est pourquoi, les fabricants de voiture, aussi bien japonaises qu'italiennes ou françaises choisissent fréquemment des noms de voiture qui « sonnent » américain. C'est le cas de SUZUKI (Jimmy, Swift), ALFA ROMEO (Junior), PEUGEOT (106 Color Line), 306 (Break). Même lorsque le nom de la voiture n'a pas une connotation américaine, il arrive régulièrement que les commentaires de la publicité soient en anglais. On peut citer parmi d'autres : Nouvelle Volvo 580 —› The World's most exciting safe choice. La présence de la langue anglaise ici est un argument

---

[22] Cf. Hollywood Chewing-gum.

commercial car cela fait « chic » si l'on ose dire. De plus, le seul fait d'employer des mots américains peut évoquer l'idée d'espace et de liberté, qui est en harmonie avec l'idée de mouvement inhérent à la voiture. Ainsi, ROVER ajoute-t-il à son blason « Land » qui signifie « Terre » en anglais. L'un des modèles de voitures de ROVER s'appelle « Freeland » (terre libre).

Ce nom fait référence aux grands espaces américains. En outre, dans la publicité, l'image de la voiture, dans l'herbe, au milieu des zèbres suggère le concept de liberté absolue.

Le nom américain « Jeep », qui se réfère à une automobile tout terrain, dans « Jeep Grand Cherokee » suggère également l'idée d'espace et de liberté, si souvent assimilée aux États-Unis d'Amérique. Le mot « Cherokee », qui fait allusion aux indiens d'Amérique du Nord de la famille des iroquois, qui ont été souvent combattus par l'armée américaine au XIXème siècle, connote l'idée de conquête des grands espaces. Le désert sur un fond montagneux et un soleil couleur orange valorise le côté américain de la publicité.

5 - __Les noms qui évoquent un animal__

Les noms qui renvoient à un animal sont beaucoup moins nombreux.

Quatre se rapportent à des fauves : le **Puma** (FORD Puma), le **Cougar**[23] (FORD Cougar), le **Tigre** (OPEL Tigra), le **Loup** (la « Lupo » de VOLKSWAGEN).[24]

---

[23] Le cougar ou couguar est un autre nom moins courant du puma.
[24] Le cas du Lion sera examiné dans la section consacrée au blason.

Ces noms, qui sont relatifs à des animaux agressifs, sont destinés à mettre en relief la force et la solidité de la voiture.

Signalons aussi la présence du nom : **Panda**, à propos de la FIAT Panda.

6 - <u>Les autres noms</u>

Quelques noms évoquent un *sport*. C'est le cas de la **Golf** et de la **Polo** de VOLKSWAGEN. Or, ces noms dans la mesure où ils renvoient à l'idée de dynamisme sont tout à fait en harmonie avec l'image de mouvement de la voiture.

Certains noms, même si c'est rare, renvoient à un instrument de musique : CITROËN dispose, notamment, d'une voiture appelée « **la Saxo** ». D'ailleurs, une publicité faisant la promotion de cette dernière représente un saxophone, ce qui crée un jeu entre le nom de l'automobile, Saxo, et l'image de l'instrument de musique.

Finalement, même si tous les noms de marque et les noms de voiture ne connotent pas, beaucoup néanmoins font référence, comme le cliché, à des réalités connues par le consommateur. Celui-ci est donc, en quelque sorte, rassuré car il est dans un univers qui évoque des images et des récits qui appartiennent à l'histoire collective. C'est particulièrement vrai pour les noms héroïques et mythologiques. De plus, le consommateur, en reconnaissant les réalités auxquelles les marques font explicitement ou implicitement allusion a tendance à s'identifier aux qualités associées aux noms, aux personnes et aux êtres qu'on lui propose de reconnaître sous les noms. Ceci ne peut que l'inciter à l'achat.

Le blason que nous nous proposons d'étudier dans la prochaine section est étroitement lié au nom de marque car il contribue à sa pérennité.

B - <u>LE BLASON</u>

Le blason a un rôle très important : *« Emblèmes de familles et de communautés, les armoiries distinguent ceux qui les portent et soulignent leur appartenance, qu'il s'agisse des corporations de métiers, de chevaliers partant en croisade ou de seigneurs »*[25].

Or, dans l'héraldique commerciale, en particulier dans l'héraldique de la voiture, le blason est souvent très symbolique, il peut constituer une motivation d'achat, que ce soit consciemment ou inconsciemment.

Le cercle est une forme que l'on rencontre à plusieurs reprises. On peut citer, notamment, le cas des marques suivantes : ALFA ROMEO, BMW, VOLKSWAGEN pour Skoda, NISSAN, TOYOTA. En effet, le cercle est une forme signifiante, il est avec le carré l'un des deux aspects de Dieu : l'unité et la manifestation divine, il exprime le céleste, il est la figure de l'œuf du monde. Il incarne le mouvement parfait, sans commencement ni fin, l'harmonie. Le paradis terrestre était circulaire.

- **ALFA ROMEO**

---

[25] Georges Lewi, op. cit., p. 31.

Le blason de cette marque représente un cercle qui contient, à l'intérieur, un autre cercle. La croix, à gauche du second cercle, semble s'opposer à ce qui paraît être un serpent ou un dragon.

La croix, dans la religion chrétienne, symbolise le Christ, le Sauveur. Le serpent ou le dragon est son opposé et son opposant. Il figure, en effet, les forces obscures de l'érotisme. Dans la religion chrétienne, c'est le tentateur. En outre, le serpent se rapproche du cercle quand il se mord la queue, ce qui explique qu'il soit représenté, dans ce blason, à l'intérieur d'un cercle. Le serpent est symbole d'infini. La symbolique chrétienne s'exprime aussi dans la couleur blanche qui constitue le fond où apparaît la croix en rouge. Car le blanc est la couleur de la pureté, de l'innocence. Ce caractère doit être mis en rapport avec la croix et le cercle, expression du ciel et la couleur rouge de la croix qui est, entre autres, symbole de vie.

De plus, le rouge, qui peut symboliser l'amour, la passion, est la couleur typique des enseignes et des emballages publicitaires.

Il faut remarquer que le nom « ALFA » a une relation symbolique avec la croix et le blanc : dans la Bible, l'Alpha et l'Oméga sont la fin et le commencement de l'évolution créatrice.

« Cœur sportif » sur fond rouge est une accroche qui a pour objectif d'insister, grâce au mot « sportif », sur le dynamisme de l'ALFA ROMEO.

- **NISSAN**

Made in Qualité

Ce blason est formé d'un cercle rouge, avec au milieu un rectangle sur fond bleu sur lequel se détachent, en blanc, et en majuscules, les lettres NISSAN.

Notons d'abord que le rapport entre le rouge et le blanc a un sens symbolique. Le blanc est, en effet, la couleur essentielle de la sagesse venue des origines. Le rouge, quand il s'oppose au blanc, est la couleur de l'être mêlé aux obscurités du monde et prisonnier de ses entraves.

L'expression « Made in qualité », qui accompagne le blason, donne à la marque un ton américain. En outre, l'emploi du substantif « qualité », au lieu d'un nom de pays attendu (cf. « Made in Germany » « Made in U.S. ») a un effet humoristique qui peut avoir son efficacité.

- **BMW**

Le blason de cette marque est constitué, lui aussi, d'un cercle, avec, à l'intérieur, un autre cercle divisé en quatre parties égales qui forment des triangles, deux sont bleus et deux sont blancs.

Plusieurs symboles sont présents ici : le bleu et le blanc sont des couleurs qui sont souvent ensembles. Elles expriment, côte à côte, le détachement des valeurs de ce monde et l'envol de l'âme libérée vers Dieu, c'est-à-dire vers l'or qui viendra à la rencontre du blanc virginal, pendant son ascension dans le bleu céleste.

Par ailleurs, comme pour ALFA ROMEO, le cercle renferme une croix, même si elle n'est pas évidente. Or, selon la science des symboles, c'est caractéristique de la croix qui s'inscrit dans le cercle qu'elle divise en quatre segments, comme ici d'ailleurs. En outre, la croix, en divisant le cercle, fait apparaître <u>quatre</u> formes qui sont proches du triangle. Il se trouve que le 4 est lui-même le symbole de la perfection divine et d'un monde stabilisé.

Il convient aussi de signaler que les lettres B.M.W. n'ont pas été choisies au hasard car le W est un M à l'envers.

- **CHRYSLER**

Comme dans les cas précédents, ce blason représente un cercle qui en renferme un autre. L'intérêt de ce blason vient de la couleur jaune.

Celui-ci est le véhicule de la jeunesse, de la force et de l'éternité divine : il est la couleur des dieux. Dans la cosmogonie mexicaine, il est souvent associé aux mystères du renouveau. Le jaune d'or est également l'emblème des princes et des empereurs car il fait songer au soleil.

- **TOYOTA**

Ce blason est constitué par un cercle qui contient, verticalement, un cercle qui est lui-même coiffé horizontalement par un cercle. Ces deux dernières formes peuvent figurer un T qui est le T de <u>T</u>OYO<u>T</u>A.

Par ailleurs, ces trois cercles semblent redoubler la lettre **O** qu'on retrouve dans TOYOTA.

On a donc le sentiment ici que le créateur de ce blason a voulu inscrire dans le blason lui-même le nom de la marque.

Signalons aussi que la lettre O, mise en relief, en quelque sorte, par l'emblème de TOYOTA, exprime dans certaines civilisations, notamment en Mésopotamie, l'idée d'univers. Il représente le temps, ce qui est d'autant plus remarquable ici que le symbolisme du cercle recouvre, en général, celui de l'éternité et des perpétuels recommencements.

- **AUDI**

Ce blason se présente comme une série de <u>quatre</u> cercles unis l'un à l'autre. Le chiffre n'est pas neutre.

Plus important : dans le cas d'AUDI, ces cercles font songer à des anneaux. Or l'anneau sert essentiellement à attacher, à marquer un lien. Il apparaît comme le signe d'une alliance, d'un destin associé. Ici, c'est particulièrement vrai puisque les anneaux sont accrochés et forment une chaîne.

- **MAZDA**

Le triangle est également une forme que l'on rencontre régulièrement dans les blasons relatifs aux marques de voiture. Or, le symbolisme du triangle recouvre celui du nombre 3. Il est, notamment, à la base de la formation de la pyramide. Il est aussi symbole d'éternité. Le triangle, la pointe en haut, symbolise le feu et le sexe masculin, il peut encore renvoyer au cœur. C'est le cas dans le blason de la marque MAZDA. Celui-ci est constitué d'un cercle, avec, à l'intérieur une forme de triangle, qui est très proche du cœur.

- **MITSUBISHI**

Le cas de **MITSUBISHI** est différent. Le blason représente trois formes qui constituent un triangle, qui ressemble à une pyramide, symbole ici, avec le nom « Carisma » , d'ascension.

- **CITROËN**

La marque **CITROËN** est constituée d'un carré dont le fond est rouge, sur lequel apparaissent deux triangles blancs. En plus de l'association du blanc et du rouge, il faut remarquer que, pour CITROËN, la couleur rouge, qui a une valeur guerrière, est, par ailleurs, souvent l'emblème du pouvoir[26]. En effet, avec le triangle, figure de l'ascension vers le ciel, le rouge symbolise le triomphe.

- **RENAULT – PEUGEOT**

Le carré est également une forme que l'on trouve régulièrement dans les publicités de la voiture. C'est le cas, entre autres, de **RENAULT** et de **PEUGEOT**. Or, le carré est l'un des quatre symboles fondamentaux avec le centre, le cercle et la croix, de l'espace. Le carré, dans la tradition chrétienne, en raison de sa forme égale des quatre côtés, renvoie au Cosmos, à la stabilité, à la puissance et, plus généralement, à la solidification. Ce qui explique que le célèbre lion de PEUGEOT soit représenté à l'intérieur d'un carré sur fond bleu. En effet, le carré, qui incarne tout ce qui est solide, au sens fort du terme, est en harmonie avec la figure du Lion, roi des animaux et incarnation du pouvoir, de la sagesse et de la justice.[27]

---

[26] A Rome, pendant l'Antiquité, le pourpre était la couleur des généraux, de la noblesse et surtout des empereurs.
[27] Cf. Le roi d'Angleterre Richard Cœur de Lion.

D'ailleurs, le drapeau iranien est lui-même frappé d'un lion couronné. Il a orné aussi bien le trône de Salomon que celui des rois de France et des évêques médiévaux. La très haute réputation et la symbolique de cet animal est telle que, souvent, les voitures de PEUGEOT apparaissent dans les publicités avec le blason représentant le lion, mais sans aucune référence au nom « PEUGEOT ».

Le lion, vue la considération dont il jouit et vue l'association qui se fait spontanément dans l'esprit du consommateur entre le lion et la marque, suffit à la représenter.

Il faut encore remarquer que le fond bleu sur lequel le lion apparaît est une couleur qui évoque l'infini où le réel se transforme en imaginaire. Le bleu est la couleur du rêve ; il suggère une idée d'éternité tranquille qui est surhumaine. Ce qui est en harmonie avec la puissance du lion. De plus, le bleu calme et apaise.

On voit, par conséquent, que les blasons ne sont pas choisis au hasard. Le plus souvent, ils produisent du sens, l'objectif est de créer une identité entre la marque, le blason et la voiture qui sera telle que le client , lorsqu'il achètera une automobile, sera aussi et peut-être d'abord motivé par les armoiries. Plus encore, le blason doit être suffisamment signifiant pour créer chez le consommateur l'envie d'acquérir la voiture. C'est pourquoi le blason, comme le nom de marque auquel il est lié, renvoie souvent à des figures mythiques ou/et symboliques.

Le but est d'éveiller dans l'esprit du consommateur une série d'associations qui sont, elles-mêmes, en rapport avec l'histoire religieuse et mythique du monde auquel le client ne peut être indifférent, même si c'est de façon plus ou moins consciente.

La stratégie de la communication, que nous allons examiner dans la prochaine partie, est un élément essentiel dans le processus de vente de la voiture.

III – LA STRATÉGIE DE LA COMMUNICATION

L'expression « Stratégie de la communication » renvoie à la stratégie publicitaire, c'est-à-dire, pour nous, à tout ce qui dans la création publicitaire relative à la voiture, vise à inciter à la vente de ce produit et ce, grâce aux relations instaurées entre l'émetteur et un ou plusieurs destinataires. De ces rapports dépend, en effet, en grande partie, la réussite du produit.

Dans notre étude, nous analyserons, tour à tour, comment s'exprime le rapport entre l'émetteur et le destinataire, l'objectif image, la cible destinataire, le bénéfice consommateur et enfin le prix.

A - <u>EMETTEUR – DESTINATAIRE</u>

Sur une soixantaine de publicités, le « vous », sous cette forme ou sous d'autres formes (« votre » par exemple, l'impératif) apparaît une trentaine de fois. Ce qui signifie que dans les autres cas, le pronom « vous » ou l'une de ses modalités sont absentes. Il faut insister sur le fait que la présence de « vous » est signifiante. En effet, le « vous » tend à créer une complicité entre la marque et, plus généralement, le vendeur et le consommateur qui ne peut qu'encourager à l'achat de l'automobile. A cet égard, il est intéressant d'observer comment l'émetteur s'adresse au consommateur. Le mode qui est le plus souvent employé est l'impératif : « Donnez congé à votre chauffeur » (FORD), « Sortez des sentiers battus » (MITSUBISHI). L'impératif est utilisé fréquemment pour exprimer l'idée d'une invitation pressante. Deux verbes surtout sont récurrents : « venir » et « découvrir » ; « <u>venez</u>

découvrir [28] l'ultime expression de la légende Jeep » (Jeep Grand Cherokee), « venez le vérifier », « venez découvrir votre nouvelle voiture » (PEUGEOT), « venez faire une découverte » (MITSUBISHI), « venez la découvrir » (FORD Focus).

Or, ces deux verbes ne sont pas neutres : l'invitation adressée par l'émetteur au consommateur et plus encore le verbe « découvrir », qui suggère l'idée de quelque chose de nouveau à voir, sont des moyens, pour le vendeur, d'inciter le client à se déplacer et donc à acheter.

Parfois, le verbe est davantage incitatif ; l'émetteur conseille très vivement au client de se hâter : « Dépêchez-vous », « Bondissez sur l'occasion » (J. Charles NACCI, concessionnaire). Il peut aussi lui demander de se réveiller : « Réveillez votre instinct » (FORD). Le futur est parfois employé également ainsi que le conditionnel : « elle vous ira si bien » (CITROËN), « Vous ne devriez accepter de voyager qu'en Laguna » (RENAULT).

Le futur et le conditionnel, contrairement à l'impératif, présentent le conseil donné au client sur un ton moins contraignant.

Un autre phénomène doit être mis en évidence, c'est l'emploi de « votre » comme moyen utilisé par l'émetteur pour présenter la possession, par le client, de la voiture proposée comme un fait déjà acquis : « Venez découvrir votre nouvelle voiture » (PEUGEOT), « votre voiture » (VOLVO), « Votre nouveau coupé » (BMW). En disant au client qu'il est déjà acquéreur de la voiture dont on lui fait l'éloge, le vendeur met

---

[28] C'est nous qui soulignons.

le consommateur devant le fait accompli : il ne peut qu'acheter cette automobile puisqu'on lui assure qu'elle est déjà sienne.

L'émetteur du message publicitaire est une marque dans trente cas environ, dans vingt-cinq autres cas c'est un concessionnaire, avec une présence et une absence de « vous » à peu près égale. Or, le fait que l'émetteur soit une marque ou un concessionnaire n'est pas indifférent. Car le concessionnaire appartient à la même ville ou, plus généralement, à la même région que le client. Il est donc plus proche, sur le plan géographique et sur le plan psychologique du consommateur. Car la marque est nationale, voire internationale. Au contraire, le concessionnaire qui, à chaque fois, donne son adresse et même son numéro de téléphone au client[29] partage avec lui des choses communes : il habite la même ville, par conséquent, il se réfère aux mêmes réalités géographiques. Ceci crée, de facto, des liens, même implicites avec le client. Le fait que l'émetteur de la publicité soit proche du consommateur, ce qui n'est pas le cas quand l'émetteur est une marque, est une incitation de plus à l'achat de la voiture.

Dans quatre cas, l'émetteur du message n'est ni la marque, ni le concessionnaire, mais « nous ».

- **LEXUS** : « <u>Nous</u> vous avons préparé une suspension à double triangulation ».

- **FIAT** : « La passion <u>nous</u> anime ».

---

[29] Quelques exemples :
Autovista. Votre nouveau concessionnaire St-Etienne – périphérique Est, Sortie n°15, ZI Necker (face au marché de gros). 04 77 47 52 47.
Jean-Paul et Patrick Bonnevie, 88,rue Docteur Louis Destre - Saint-Etienne. 04 77 32 74 75…

- **BMW** : « <u>Notre</u> nouveau coupé est fait pour accrocher l'œil, pas les piétons ».

- **PEUGEOT** : « Venez découvrir <u>notre</u> nouvelle voiture ».

On note aussi la présence ambiguë d'un « on » :

- **TOYOTA (Corolla) :** « <u>On</u> se demande ce qui lui manque ».

Le « nous » représente le groupe. Celui-ci, dans la mesure où il renvoie à une réalité collective, une société garantit le sérieux d'une marque. Le client achètera en toute confiance. Le pronom « on », pour sa part, englobe aussi bien l'émetteur (« je » ou « nous »), c'est-à-dire TOYOTA, que « vous », le client. Le pronom « on » est une technique de communication efficace car il permet de mettre le vendeur et l'acheteur d'accord sur le même constat : la Corolla de TOYOTA a tout pour plaire, comment, alors, ne pas s'en porter acquéreur ?

Le pronom « on » est un très bon moyen, pour la marque, de faire partager au consommateur le point de vue favorable qu'elle porte sur elle-même.

B - <u>L'OBJECTIF IMAGE</u>

Huit objectifs image se détachent :

1. Confiance – fidélité – sécurité
2. Voyage – Bonheur – Vacances – Plaisir
3. Economie
4. Stratégie de différenciation – originalité
5. Nouveauté – Jeunesse
6. Esthétique – Luxe – Elégance
7. Performance – Dynamisme
8. Voiture = Star.

Une même marque peut avoir un seul de ces objectifs image ou plusieurs.

Certaines ont le même ou les mêmes objectifs.

La marque SUZUKI est celle qui insiste le plus sur l'idée de fidélité. On trouve les slogans suivants : « La voiture sur laquelle vous pouvez compter », « SUZUKI des voitures fidèles ».

Le réseau Occasion du Lion développe, pour sa part, le thème de la confiance : « Des occasions à saisir en toute confiance ». Ce dernier terme apparaît dans une publicité où 7 arguments d'achat sont présentés dont une « garantie de pièces et main-d'œuvre » et une « assistance dépannage-remorque pendant un an », ainsi que « la couverture sinistre ».

La notion de sécurité est, elle aussi, récurrente : la LANCIA, par exemple, se présente d'abord comme la voiture de la sécurité : « Sens de la Sécurité », « Sachez qu'elle saura toujours vous protéger ».

L'AUDI A6 Avant Quattro met en relief la même idée, avec le thème du père de famille soucieux de garantir ses enfants du danger. La publicité représente un terrain, sorte de jardin, avec des jeux d'enfants, notamment, une balançoire vide. Alors que tout laisse attendre la présence des enfants, ces derniers, sont, au contraire, cruellement absents. Une voiture immobile devant une grille, la couleur jaune gris et l'absence des gamins peuvent laisser penser que ce tableau sans enfants, dans un lieu qui est pourtant le leur, vue les jeux, représente ce qui pourrait être la vie de famille après la mort d'un ou plusieurs enfants, suite à un accident. Précisément, cette publicité se propose, par l'image et par les commentaires (cf. « Nous ne sommes jamais trop prudents avec les enfants ») d'inciter le père de famille à choisir l'AUDI A6 Avant Quattro afin d'éviter que n'arrive malheur.

L'idée du voyage et du bonheur est également souvent évoquée : la CITROËN, par exemple, est présentée comme la voiture des vacances et de l'évasion. Une publicité sur CITROËN, en effet, fait explicitement référence à une croisière aux Caraïbes. De plus, on trouve aussi l'expression « Nouvelles frontières » employée à deux reprises et l'allusion à la chanson « Voyage, Voyage ».

Une autre publicité vantant la Skoda de VOLKSWAGEN, exprime la même idée. En effet, le thème du voyage est présent dans une série de détails tels que le ciel bleu, la mer, les parasols.

Ford se réfère fréquemment aussi au voyage. Une publicité relative à cette marque représente des paysages de vacances avec des montagnes et un ciel bleu qui sont évocateurs de liberté et de rêve.

Le thème du rêve, de l'aventure et, plus généralement, de la liberté est, d'ailleurs, un de ceux qui apparaît le plus souvent. L'idée de liberté est, notamment, présente dans « Freelander ». La Nouvelle SUZUKI Baleno est elle-même, identifiée à la liberté : « Menez votre vie comme vous l'entendez ».

Le plaisir est aussi un thème que la publicité de la voiture traite souvent. Une publicité qui a trait à la marque FIAT, par exemple, évoque une crème glacée à la fraise. Une FIAT Punto rouge roule sur une crème glacée ; une boule de glace se confond avec la voiture. La Punto est implicitement identifiée avec de la glace. Le terme « plaisir » est parfois explicitement employé : « C'est un <u>plaisir</u> que de disposer d'une voiture à laquelle rien ne manque » (TOYOTA Corolla), « Gardez pour vous le <u>plaisir</u> de conduire la FORD Focus » (FORD).

L'économie est également l'un des objectifs image dans la publicité de la voiture. La FIAT Palio Week-end est « un grand break » « pour un petit prix ».

A propos de la SKODA, on nous précise que « faire des économies reste le meilleur moyen de s'enrichir ».

DAEWOO, à propos de la Nexia, représente en lettres majuscules, de très gros caractères en rouge « -20% » ; puis le prix est indiqué (12200€) et, à nouveau en rouge, en plus petits caractères cette fois-ci (-20%).

L'objectif image est souvent lié à l'idée d'originalité, celle-ci peut être due à une façon différente de conduire : « ROVER. Une voiture peut se conduire autrement ».

De même, les voitures SUZUKI sont « différentes parce que vous êtes uniques ».

Les voitures, par ailleurs, en plus d'être originales, sont très fréquemment présentées comme nouvelles. Le thème de la nouveauté, de la modernité et de la jeunesse est très récurrent. FORD, par exemple incarne « un nouveau mode de consommation ». En outre, un très grand nombre d'automobiles sont affublées de l'adjectif « nouvelle » ; ce mot est, du reste, l'un de ceux que l'on rencontre le plus souvent : « Votre nouvelle voiture » (PEUGEOT), « Nouvelle CHRYSLER », « Nouvelle Lexus », « Nouvelle MAZDA 23 », « Nouvelle gamme Laguna ». Parfois, le mot « nouvelle » ou « nouveau » est utilisé quatre fois dans la même publicité. L'idée de modernité et de jeunesse lié au concept de nouveauté apparaît également maintes fois : « La 300M est l'expression même d'un parfait équilibre fait de (…) modernité ».

Cette idée est en rapport avec un autre thème proche : la performance et le dynamisme des voitures.

L'ALFA ROMEO GTV est remarquable par « des performances époustouflantes dès la première motorisation ». C'est aussi une voiture très sportive (« Sa sportivité »).

La puissance de freinage de la BMW est telle qu'elle fera de son conducteur « un champion » (« vous serez le plus rapide »).

RENAULT insiste aussi sur la performance ; une de ses publicités représente un virage sur un trajet de voiture de course ; on note, notamment, les drapeaux. Or, l'image de la Laguna 2 n'apparaît qu'en bas, à droite et elle tient très peu de place par rapport à la photographie du virage qui occupe quasiment tout l'espace. La comparaison entre la voiture et le train (« retrouvez enfin cette sensation de conduire sur un rail ») et l'allusion à la bonne « stabilité à toutes les vitesses » de la Laguna 2 visent à créer, dans l'esprit du consommateur, l'idée que cette voiture se démarque par sa haute performance. Une autre publicité, pour la même marque, a le même objectif. D'ailleurs, le mot « puissance » est employé ; en effet, la Laguna va nous emmener loin nous dit-on : « Sécurité, puissance, technologie, l'essentiel pour Laguna est de vous emmener loin ».

La voiture, dans un certain nombre de cas, peut aussi être identifiée à une star.

FORD est l'une des marques qui développe le plus cette image. Certaines publicités, qui ont trait à elle, sont entièrement fondées sur cette stratégie de la communication. La FORD Cougar, par exemple, est assimilée à une vedette de cinéma : « Pour la première fois à l'écran, la FORD Cougar et Dennis Hopper ». Une autre publicité de FORD est construite de A à Z sur ce parallèle entre la voiture et le cinéma. En effet, une bonne partie du vocabulaire employé à propos de la voiture a trait au monde du grand écran : « FORD présente les journées star », « l'équipement tient le 1er rôle », « En avant première, la FORD TDI », « les palmes d'or de l'équipement », « Une avant-première à ne pas manquer », les FORD sont « en haut de l'affiche ». De plus, plusieurs voitures apparaissent à l'intérieur de pellicules de cinéma. Dans une autre publicité intitulée « FORD fête les stars 1999 », une voiture apparaît en haut d'un escalier, recouvert, en partie, d'un tapis rouge. Ce tableau, ainsi que la présence de termes tels que « stars », « diva » et de l'expression « à l'affiche » font songer aux vedettes du festival de Cannes.

Cette identification entre la voiture et une star est un argument de vente très opérant. En effet, le consommateur, lorsqu'il achète une voiture, étant donné les rapports affectifs qu'il entretiendra avec celle-ci, s'identifiera à elle. Ce qui signifie que si la voiture qu'il a acquise est une star, la gloire de son automobile sera aussi la sienne.

L'idée d'esthétique et d'élégance est également souvent associée à la voiture.

La ROVER 600, par exemple, se démarque par son « élégance discrète ».

La Jeep Grand Cherokee certifie au consommateur qu'il sera « à l'abri dans un univers de luxe et d'opulence ».

C- <u>LA CIBLE DESTINATAIRE</u>

Quatre cibles sont principalement visées : le client aisé, le client modeste qui recherche l'économie, le consommateur soucieux de sécurité, notamment le père de famille préoccupé de ne faire courir aucun risque à ses enfants. Dans certains cas, l'émetteur du message peut tâcher d'atteindre une cible large qui est susceptible d'englober plusieurs catégories de consommateurs.

1 - <u>Le client aisé qui aime le prestige</u>

La Nouvelle CHRYSLER 300M fait explicitement référence à une nouvelle génération de berlines haut de gamme. Le Nouveau Freelander de ROVER s'adresse à des personnes qui ont les moyens d'acquérir une automobile « à partir de 26 500 € ».

Il en va de même de la Nouvelle BMW Série 3. Cette voiture permettra à son conducteur d'être « le plus rapide » et lui garantit « une puissance de freinage maximale en toutes circonstances ». Le prix, d'ailleurs, est en harmonie avec de telles performances (« A partir de 29 900 € »). La Jeep Grand Cherokee permettra à celui qui l'achètera de pouvoir entrer « dans un univers de prestige », et ce pour un prix qui sera égal ou supérieur à 43 500 €.

2 - <u>Le client modeste</u>

Le plus souvent, en effet, la publicité s'adresse à des consommateurs moins fortunés, d'où l'insistance sur l'idée d'économie. La SKODA de VOLKSWAGEN, notamment, vise un public populaire auquel on affirme, de façon humoristique, que « faire des économies, c'est le meilleur moyen de s'enrichir ». Certaines marques savent très bien convaincre le client modeste, mais orgueilleux, qu'il peut acquérir une voiture de valeur, tout en dépensant une somme raisonnable. FIAT, par exemple, présente beaucoup de publicités, avec des remises de prix importantes. En même temps, la marque italienne arrive à ménager la susceptibilité du client, car celui-ci a beau connaître ses moyens financiers limités, il veut croire, malgré tout, qu'il va acheter une voiture prestigieuse.

Ainsi, une publicité relative à FIAT met-elle en évidence « un tout petit prix », tout en exhortant le client « à voir grand ». L'une des manières, pour la marque, d'atteindre des consommateurs qui ne peuvent pas acheter une voiture onéreuse est de mettre en exergue des conditions de crédit ou/et des remises très intéressantes. Ce que ne font pas les marques qui proposent des voitures haut ou très haut de gamme. Une publicité, par exemple, offre en très gros caractères, une remise de 2 500 € sur la FIAT Punto Clim. DAEWOO , également, met souvent en évidence un prix bas, avec des remises pouvant aller, comme dans le cas de FIAT, jusqu'à 2 500 €. Ainsi, la Nexia passe-t-elle de 11 900 € à seulement 9 400 €.

Tous les concessionnaires insistent, eux aussi, sur les conditions de crédit, surtout pour les voitures d'occasion.

3 - <u>Le père de famille soucieux de sécurité</u>

Il est souvent visé. Le substantif « sécurité », d'ailleurs, revient très souvent : la 306 Break, de PEUGEOT « est dédiée à votre sécurité ». La SKODA Octavia de VOLKSWAGEN

« garantit des reprises puissantes pour une conduite en toute sécurité ». Le confort et le luxe sont, du reste, compatibles avec l'idée de prudence. Ainsi, la 1.8T Spark ALFA GTV, dont le prix s'élève à 35 500 € a certes « des performances époustouflantes », la publicité ajoute, néanmoins, que cela ne l'empêche pas de « renoncer (…) à la sécurité ». Dans de nombreux cas, l'émetteur s'adresse directement aux parents préoccupés du sort de leurs enfants. L'AUDI A6 Avant Quattro, par exemple, les interpelle directement : « Qui pourrait vous reprocher de surprotéger vos enfants ? ». La famille est parfois citée. Une publicité affirme, au sujet de la 306 Break de PEUGEOT, qu'elle est « prête à accueillir toute votre petite famille ». Parfois, l'émetteur, sans s'adresser directement et explicitement au père de famille, semble, vue la façon dont la publicité est conçue, prendre pour cible, un conducteur voulant à tout prix éviter l'accident : le Nouveau Coupé BMW est représenté, dans une publicité, où la voiture est totalement absente. On ne voit que des panneaux dont certains évoquent des enfants avec leurs parents. Le commentaire, d'ailleurs, fait fortement allusion à l'idée de sécurité. Le but ici est, en effet, « de supprimer toutes les arrêtes dangereuses et de réduire les dommages corporels en cas de choc ».

4 - **La cible est large**

C'est souvent le cas. Ce qui vient de la gamme de prix de la voiture proposée. On peut aller du simple au double. FIAT est l'une des marques qui joue le plus sur cette diversité de la cible. Telle publicité présente cinq modèles de voiture. Or, si l'on s'en tient aux prix annoncés, on part de 7 600 € pour une FIAT Panda à 13 500 € pour une FIAT Palio Week-end. De même, le consommateur, dans une autre publicité, a la possibilité de s'acheter une Punto Clim « à partir de 9 900 € »

aussi bien qu'une Marea Clim qui coûte au moins presque deux fois plus cher (17 500 €). FORD pratique également cette politique qui consiste à ratisser large, en mettant en évidence des prix qui peuvent s'adresser à toutes les bourses et à toutes les classes sociales. Dans une publicité intitulée « FORD présente les journées stars », le prix le plus bas est seulement, pour la FORD Ka Pack de 10 900 €, alors que le plus haut est, au moins de 29 900 €. (« à partir de 29 900 € »). D'ailleurs, l'émetteur ne cache pas le fait qu'il ne s'adresse pas à une cible unique : « A chacun sa voiture de l'année ».

D - <u>LE BÉNÉFICE CONSOMMATEUR</u>

Par ordre décroissant d'importance numérique, les bénéfices consommateurs[30] sont :

- Le crédit, la remise, l'économie : 13 fois

1	SKODA de VOLKSWAGEN
2 à 6	CITROËN (à 5 reprises)
7	GALAXY TDI de FORD
8	Nouvelle MAZDA
9	NISSAN
10	NEXIA de DAEWOO
11	SUZUKI
12	FIAT
13	PEUGEOT

- La Sécurité : 10 fois

1	JEEP GRAND CHEROKEE
2	La 306 de PEUGEOT
3	Coupé série 6 de BMW
4	La 306 Break de PEUGEOT
5	Nouvelle CHRYSLER
6	ALFA GTV
7	OCTAVIA de VOLKSWAGEN
8	ALFA 166
9	AUDI A6 AVANT QUATTRO
10	LAGUNA de RENAULT

---

[30] Certaines voitures ont plusieurs bénéfices consommateur.

- La technologie : 9 fois

    1   LAND ROVER
    2   206 de PEUGEOT
    3   FORD
    4   VOLVO
    5   BMW Série 3
    6   LEXUS
    7   ROVER 600
    8   LAGUNA de RENAULT
    9   ROVER 200 et 400

- Large éventail de choix de voiture ou de prix : 7 fois

    1 à 2   FIAT
    3   Nouvelle SUZUKI BALENO
    4   NISSAN
    5   RENAULT
    6   Voitures d'occasion
    7   FIAT, ALFA ROMEO, LANCIA
            (concessionnaire vendant des voitures d'occasion)

- Performance – puissance : 5 fois

    1   Nouvelle CHRYSLER 300 M
    2   ALFA GTV
    3   Nouvelle BMW
    4   ALFA 166
    5   LAGUNA de RENAULT

- Le confort : 5 fois

    | 1 | LAND ROVER |
    | 2 | JEEP GRAND CHEROKEE |
    | 3 | ALFA 166 |
    | 4 | AUDI A6 AVANT QUATTRO |
    | 5 | Nouvelle SUZUKI BALENO |

- Elégance – esthétique : 5 fois

    | 1 | Nouveau Coupé BMW |
    | 2 | 306 de PEUGEOT |
    | 3 | Nouvelle SUZUKI BALENO |
    | 4 | Nouvelle CHRYSLER 300M |
    | 5 | ROVER 600 |

- Le prestige : 4 fois

    | 3 fois | FORD |
    | 4 | FIAT |

- L'originalité : 3 fois

    | 2 fois | CITROEN |
    | 3 | MITSUBISHI |

- La fiabilité : 2 fois

    | 1 | Nouvelle SUZUKI BALENO |
    | 2 | PEUGEOT (les Occasions du Lion) |

E - <u>LE TON</u>

Par ordre décroissant, les tons adoptés sont les suivants :

- Le sérieux et la sobriété (10)

1	JEEP GRAND CHEROKEE
2	Coupé Série 6 BMW
3	FIAT
4	NISSAN
5	PEUGEOT
6	FORD FOCUS
7	Nouvelle MAZDA 323
8	LANOX GPL de DAEWOO
9	ROVER 200 et 400
10	PEUGEOT (les Occasions du Lion)

- La fête (8)

1	FORD (Journées portes ouvertes)
2	FORD GALAXY TDI
3	FORD
4	FORD
5	PEUGEOT
6	RENAULT
7	Voitures d'occasion
8	CITROËN

- Liberté – Vacances (6)

1	Nouvelle SUZUKI BALENO
2	306 BREAK de PEUGEOT

3   Nouvelle CHRYSLER 300M
4 et 5. FIAT
6   ROVER 600

- Ton hyperbolique (4)

        1   ALFA G.T.V.
        2   ALFA ROMEO
        3   Nouvelle BMW Série 3
        4   LAGUNA de RENAULT

- Le rêve – l'imaginaire (4)

        1   CITROËN
        2   FORD COUGAR
        3   VOLVO
        4   FIAT

- Ton incitatif (4)

        1   CITROËN (Les journées exclusives)
        2   CITROËN
        3   Voitures d'occasion
        4   MITSUBISHI

- L'humour (3)

        1   Nouvelle VOLVO 580
        2   FIAT, ALFA ROMEO, LANCIA (une seule
                publicité)
        3   FORD FOCUS

- Sécurité (3)

  1   CITROËN X-SARA
  2   OCTAVIA de VOLKSWAGEN
  3   306 de PEUGEOT

- Luxe, classe (3)

  1   LEXUS
  2   NEXIA de DAEWOO
  3   ALFA ROMEO

- Ton catastrophiste (3)

  1   JEEP GRAND CHEROKEE
  2   LAGUNA de RENAULT
  3   LANCIA

- Ton chaleureux (3)

  1   CITROËN (Les journées exclusives)
  2   NISSAN
  3   FIAT

- Ton de sérénité (2)

  1   PEUGEOT (Réseau Occasion du Lion)
  2   AUDI

Il faut remarquer que si la majorité des publicités de la voiture se caractérisent par un seul ton, quelques unes sont, au contraire, caractérisées par le fait qu'elles ont plusieurs tonalités. Par ailleurs, à chaque fois, nous avons tenu compte surtout d'un ton dominant. Ainsi, telle publicité peut-elle faire allusion à la sécurité en tant que bénéfice consommateur, sans que pour autant domine un ton sécuritaire. De la même manière, il est bien évident que les publicités, nombreuses par rapport aux autres, évoquant une ambiance de fête, ont, par là même, un ton chaleureux. Dans chaque cas, nous avons classé la publicité dans une rubrique qui correspond au ton le plus caractéristique.

Dans une publicité ayant trait à la FORD Focus, la sobriété vient d'un ton qui fait songer à un commentaire sur l'évolution boursière : « Les premières transactions ont confirmé la tendance basse à la hausse dans un marché à terme plutôt mouvementé ». Généralement, le sérieux de la publicité est dû à l'absence du « vous ». En effet, l'émetteur, en n'interpellant pas le consommateur, donne le sentiment d'une grande objectivité, le client a l'impression qu'on ne lui force pas la main. C'est le cas, notamment, au sujet du coupé Série 6 BMW.

L'ambiance de fête est surtout caractéristique des publicités relatives aux journées portes ouvertes, mais pas exclusivement. Cependant PEUGEOT présente la 206 dans une ambiance ludique : derrière la voiture qui avance, apparaissent des numéros de couleur bleu, couleur de l'espoir. Or, ces derniers ne peuvent qu'être gagnants.

FORD adopte une stratégie assez proche. Une publicité se rapportant à cette marque fait référence à la foire (« présent à la foire »). Par ailleurs, le nom « Fiesta » (fête) de la voiture, et la présence, à l'arrière-plan, d'un couple d'amoureux, qui respire la joie de vivre, renforce ce ton de fête.

Les publicités ayant trait aux vacances font apparaître souvent les mêmes constantes : un ou plusieurs arbres, le ciel <u>bleu</u>, de l'herbe, des paysages de campagne (cf. La Nouvelle SUZUKI Baleno, la 306 Break de PEUGEOT, la Nouvelle CHRYSLER 300M).

Certaines publicités sont presque entièrement construites sur un ton hyperbolique. L'ALFA GTV est une « voiture <u>d'exception</u> », la BMW Série 3 a « une puissance de freinage <u>maximale</u> » et « sa distance de freinage (est) <u>ultra courte</u> ».

L'imaginaire du consommateur est, lui aussi, régulièrement sollicité. Une publicité de FIAT offre un tableau évoquant les vacances et le bonheur de vivre. Cette publicité est remarquable car on trouve un paysage à l'intérieur de la voiture, devenue, en quelque sorte, un écran de cinéma[31].

Le ton incitatif est fréquemment dû à l'emploi de l'impératif dans une formule qui peut conduire le consommateur à penser que l'achat est quelque chose de très urgent pour le client : « Bondissez sur l'occasion » (voiture d'occasion).

Les publicités basées sur un ton humoristique sont relativement peu nombreuses par rapport au fait que le jeu d'esprit est globalement fréquent. Dans tel exemple, l'humour vient de ce que l'on joue sur le mot « Auto » présent aussi bien dans « Automobile » que dans « Autovista ». Par ailleurs, on nous conseille de faire attention (« Ouvrez l'œil ») et en même temps, un œil est lui-même dessiné. De plus, le mot « Vista » renvoie aussi à l'œil puisque ce mot signifie « Vue » en italien.

---

[31] C'est la technique de la « Mise en abyme » : une réalité en contient une autre et parfois, elle-même, encore une autre…

F - <u>LE PRIX</u>

Sur 59 publicités, le prix apparaît 41 fois, ce qui signifie qu'il est absent à 18 reprises. L'absence de prix peut être due à trois raisons. Parfois, la voiture apparaît dans un univers de luxe et de perfection tel qu'on peut penser que le prix ne peut qu'être élevé. Quelques publicités sont concernées : la Nouvelle CHRYSLER 300 M et une voiture ALFA ROMEO. Le fait que le prix ne soit pas indiqué peut aussi venir de ce que la notion de sécurité est tellement importante que toute référence au coût est superflue par rapport à l'enjeu. On peut citer l'exemple d'une publicité sur l'AUDI qui est basée exclusivement sur l'idée de sécurité. Dans d'autres cas, les conditions de crédit et la remise, souvent très intéressantes, se substituent au prix. Telle publicité mettant en valeur la CITROËN X-Sara ne fait aucune allusion au prix ; la seule référence à l'idée de financement concerne la remise de 2000 € qui est consentie au client. La non présence du prix est une stratégie de vente très habile car étant donné la remise, le client a le sentiment que, loin de payer pour la voiture qu'il souhaite acquérir, c'est lui, au contraire, qui va recevoir de l'argent.

Quand les prix sont indiqués, voici comment ils se répartissent :

Les voitures dont le prix est inférieur à 11 900 € sont au nombre de 15.Celles dont le prix est compris entre 11 900 € et 19 900 € sont au nombre de 16. Par conséquent, plus d'un tiers des automobiles ont un prix modeste, c'est-à-dire inférieur à 11 900 € et l'autre tiers est inférieur à 19 900 €, ce qui est encore relativement modéré.

Dans 8 cas, le prix est supérieur à 11 900 € et inférieur à 29 000 €. Trois voitures ont un coût supérieur ou égal à 29 000 €, qui n'excède pas, cependant la somme de 39 900 € : l'ALFA GTV (35 000 €) ; La Nouvelle BMW Série 3 (à partir de 31 500 €), la LEXUS (à partir de 32 500 €). Une seule voiture a un prix dépassant 40 000 €. Il faut en effet, débourser 44 000 € pour devenir propriétaire de la Jeep Grand Cherokee.

On peut tirer de ces chiffres l'enseignement suivant : 76% des publicités[32] s'adressent à un public plus ou moins modeste puisque le prix de la voiture ne va pas au-delà de 19 900 €. Plus d'un tiers, parmi elles, ne dépassent pas 11 900 €. A l'inverse, les voitures onéreuses, c'est-à-dire celles qui ont un prix supérieur à 19 900 €, et parfois même supérieur à 29 500 € sont minoritaires par rapport aux autres : 12 sur 41, ce qui signifie seulement 30% du total. La publicité de la voiture dans la presse écrite ne s'adresse donc pas essentiellement aux personnes aisées.

Il faut également remarquer que 16 publicités présentent un éventail de prix large et même parfois très large :

- De 8 500 € à 19 900 €   : 6
- De 11 500 € à 22 000 €   : 2
- De 11 900 € à 29 500 €   : 2
- De plus de 29 500 € à 39 900 €   : 4
- De 9 900 € à 29 500 €   : 2

La grande quantité de publicités qui offrent une large gamme de prix (39%) montre que les fabricants souhaitent s'adresser, dans une seule publicité, à plusieurs cibles. Ceci confirme, d'ailleurs, ce que nous avons déjà observé à propos de la cible

---

[32] 31 voitures sur 41 dont le prix est indiqué.

destinataire. En présentant si souvent des prix qui peuvent aller, pour une marque unique, du simple au double, voire du simple au triple, les publicitaires cherchent à atteindre, d'un seul coup, si l'on ose dire, aussi bien le consommateur prêt à dépenser 9 900 € que celui qui peut débourser jusqu'à 19 900 ou 29 500 €.

Comme dans le cas des remises et du crédit proposés aux clients, cette stratégie montre bien que dans la publicité relative à la voiture, le prix est un élément décisif.

CONCLUSION

A l'issue de cette étude, on s'aperçoit qu'il existe, en matière de publicité, des techniques éprouvées pour vendre des voitures.

Même si tous les créateurs ne font pas toujours appel aux mêmes procédés, il s'avère qu'un certain nombre de moyens sont, souvent, mis en œuvre pour susciter l'achat d'une automobile.

Ils relèvent, en partie, de l'esthétique et, plus généralement, de l'art. L'une des choses qui frappe le plus, c'est que des procédés tels que les parallélismes, les allitérations, les assonances (...), qui sont des constantes en poésie, sont fréquentes aussi dans la publicité de la voiture. Ce qui peut étonner s'explique pourtant : l'un des buts de la poésie est d'apporter du plaisir au lecteur en jouant sur les mots (sonorités redondantes, sens multiples d'un terme...). Or, la publicité vise le même objectif ; elle veut plaire et attirer l'attention du consommateur afin de l'inciter à acheter.

Le plus souvent, le jeu langagier est destiné à mettre en relief le nom de marque : le retour du F, dans Focus après le F de FORD, redouble le nom de la marque américaine, la répétition du S dans « Sens de la Sécurité » tend à marteler le nom LANCIA qui contient la lettre S. Les clichés ont un rôle assez proche. Ils font référence à une réalité très connue du consommateur qui se reconnaît donc en eux. Ils peuvent motiver l'achat car ils rassurent.

Les clichés renouvelés, par leur caractère insolite, permettent au client d'être réactif. En effet, le travail de reconnaissance du lieu commun original auquel on invite le consommateur est un moyen très habile de mettre en exergue la voiture qui est proposée. Un cliché tel que « à prix très protégé », en faisant allusion à l'expression publicitaire « à prix cassé », ne peut qu'aiguillonner le client qui ressentira plus ou moins à quoi le cliché se réfère. De la même manière, « Satisfait ou remplacé », en rappelant la formule « Satisfait ou remboursé », met en confiance le consommateur qui, de plus, ne peut qu'être sensible à l'humour du lieu commun transformé.

Les noms de voiture, de marque et les blasons sont aussi un procédé qui est, en soi, un argument de vente. En effet, soit ils produisent un sens en conformité avec ce qu'est la voiture (Marea, Week-end, Lancia, Scudo…), soit ils se rapportent à des récits, à des légendes ou encore à des événements de l'histoire collective, de la religion ou de la mythologie (FIAT, ALFA, MAZDA, NEXIA…). A chaque fois le consommateur ne peut rester indifférent à ces noms qui réveillent en lui des échos ou des souvenirs liés à sa culture.

Le blason, par les formes et les couleurs est un élément, lui aussi, important et ce à cause des symboles qu'il exprime : le triangle, régulièrement utilisé, peut évoquer l'idée d'ascension, le carré l'idée de solidité, le cercle incarne l'harmonie.

Les couleurs sont signifiantes : le jaune renvoie à la jeunesse, le rouge au pouvoir, le blanc à la pureté, le bleu au rêve et à l'éternité.

La stratégie de communication de la publicité relative à la voiture fait également apparaître une série de constantes : le pronom « vous » est souvent employé à cause de son aptitude à établir une véritable complicité entre la marque ou le concessionnaire et le client.

La technique qui consiste à inviter, par l'impératif, le consommateur est très opérante, surtout lorsqu'est utilisé le verbe « découvrir » qui a une connotation très positive. Le mot « votre » fait mouche lui aussi car il présente l'achat de l'automobile comme un fait acquis (votre voiture). Le pronom « nous », pour sa part, dans la mesure où il renvoie à un groupe, donc à une réalité collective, rassure.

L'objectif image est fréquemment la confiance et la sécurité. La publicité, en effet, insiste sur l'idée que la voiture devra être équipée de manière à ne faire courir aucun risque aux enfants. Le thème du voyage, du bonheur et des vacances est très récurrent. Car la voiture évoque, par définition, l'idée de départ.

La publicité met souvent en évidence le financement de la voiture. Car l'une des cibles privilégiées est l'homme modeste, souvent le père de famille ; celui-ci ne peut acquérir une voiture neuve que si le prix est peu élevé et si les conditions de crédit sont très avantageuses. C'est pourquoi dans de nombreux cas, la remise et les conditions de crédit tiennent une place plus importante que le prix qui n'apparaît parfois même pas.

Le thème de la nouveauté, de la modernité et de la jeunesse est, lui aussi, maintes fois traité. L'identification entre l'automobile et une star est également un argument régulièrement utilisé. Bien des publicités ayant trait à FORD sont construites sur l'image de la voiture-star. Car la gloire de cette dernière rejaillira sur le client.

On constate encore que la cible de la publicité relative à la voiture est souvent large. Les publicités s'adressant à un client aisé sont minoritaires : les voitures qui ont un coût supérieur ou égal à 29 500 € sont rares. Pourtant, les créateurs mettent régulièrement en avant l'idée d'élégance, d'esthétique et d'originalité. En effet, même si la publicité vise prioritairement le client peu fortuné, cela ne l'empêche pas de s'adresser à lui en recourant à des arguments liés au prestige.

Finalement, la publicité de la voiture dans la presse écrite est une incitation permanente au dépassement de soi. Grâce à elle, tout devient possible, le rêve de grandeur de chacun, quelle que soit sa condition sociale, est exaucé. Le désir d'atteindre de grands espaces apparaît à portée de main, le mirage de la liberté absolue n'est plus une utopie. Les références aux mythes, aux héros antiques et modernes nous font oublier que nous ne sommes que des humains et ils nous font entrer dans un autre monde.

BIBLIOGRAPHIE

> **Bernard BROCHAND** et **Jacques LENDREVIE** :
Le Publicitor, Dalloz, 4ème édition, 1993.

> **Roman JAKOBSON** :
Essais de linguistique générale, Editions de Minuit, 1963.

> **Georges LEWI** :
L'Odyssée des marques, Albin Michel, 1998.

> **Henri SUHAMY** :
Les figures du discours, P.U.F., Collection « Que Sais-je ? »,
3ème édition, 1988.

TABLE DES MATIERES

Cet ouvrage a été édité par les Editions Praelego

4, rue Scipion - 75 005 Paris

www.praelego.com

editions-praelego@neuf.fr

Elaboré à Orléans

23, boulevard Rocheplatte - 45000 Orléans

Imprimé en Allemagne

In de Tarpen 42, 22848 Norderstedt

Une maison d'édition

« créée par un écrivain pour les écrivains »